Notes autographes de Malebranche.

Identification faite par M. Paul Schrecker, en 1939.

DES LOIX
DE LA
COMMUNICATION
DES MOUVEMENS

Par L'AUTEUR de la Recherche
de la Verité.

A PARIS,
Chez, ANDRE' PRALARD, ruë
saint Jacques à l'Occasion.

M. DC. XCII.
AVEC PERMISSION.

Comme je prouve dans le dernier Chapitre de la Recherche de la verité, que le repos n'a aucune force, & que ce principe est contraire aux loix du mouvement que Monsieur Descartes nous a données, un de mes amis souhaitta que j'en donnasse de nouvelles. Dans le dessein de le satisfaire, j'écrivis, mais sans un examen suffisant & dans l'empressement où j'étois de finir l'ouvrage, les dernieres pages de la Recherche de la verité, qui regardent cette matiere, ayant uniquement en vuë d'y appliquer le principe que je venois de prouver, quoy que les loix du mouvement dependissent encore d'autres reflexions que je ne f[illegible] point alors. Ainsi je donnai une régle générale que je t[illegible] tres-fausse, depuis que j'ai examiné ce sujet plus serieu[illegible] ment, & j'ai composé cet écrit afin qu'on le substituë à [illegible] place. On sera peut-être surpris de ce que j'ay attendu [illegible] tard à reconnoître mon erreur. Mais la verité est que je negligeois cette matiere: & si je n'eusse lû par hazard dans les Nouvelles de la Republique des lettres quelques objections de Monsieur de Leibnits, je n'y aurois peut-être pensé de ma vie.

DES LOIX DE LA COMMUNICATION DES MOUVEMENS.

PREMIERES LOIX.

I. JE ſuppoſe que les mouvemens ſe communiquent, & que les corps en perdent autant qu'ils en donnent à ceux qu'ils choquent, parce que Dieu conſerve toûjours dans l'univers une égale quantité de mouvement. Il eſt impoſſible de demontrer en rigueur ce qui depend d'une volonté arbitraire du Createur, & il eſt clair que ſi Dieu le vouloit, les mouvemens ne ſe communiqueroient point, & que les oppoſez ſe détruiroient l'un l'autre. Mais comme l'experience y eſt ce me ſemble contraire, puiſque la matiere conſerve depuis long-temps ſon mouvement ; je crois devoir ſimplement ſuppoſer ce qui ne ſe peut demontrer dans la rigueur ou l'exactitude geometrique. En un mot cet écrit n'eſt que pour ceux qui reçoivent ce principe.

2. Je suppose aussi que les corps sont impenetrables, parfaitement durs, & par consequent sans aucun ressort, & mûs dans le vuide, c'est à dire sans que l'air grossier ou subtil resiste ou contribuë à leur mouvement.

3. Je supppose enfin que les corps qui se choquent se meuvent sur une ligne droite, qui passe par leur centre de pesanteur, & les points de leur rencontre.

4. Le repos n'a point de force pour resister au mouvement, comme je crois l'avoir suffisamment prouvé.*

* Rech. de la verité l. 6. ch. dernier.

5. Le mouvement est le transport d'un corps d'un lieu en un autre. Mais le transport d'un corps peut être promt, ou lent, comparé à un autre transport.

6. La quantité de la vîtesse est le rapport de l'espace au tems, c'est à dire l'exposant de l'espace parcouru divisé par le tems employé à le parcourir.

7. Ainsi la quantité du mouvement est le produit de la vîtesse d'un corps par sa masse. Ce produit exprime aussi la quantité de la force mouvante actuellement appliquée à produire le mouvement.

8. La cause naturelle ou occasionnelle de la distribution, & par consequent de la communication des mouvemens, est le choc. Car afin qu'un corps en remuë un autre, il faut qu'il le pousse ou le choque: & s'il le meut, ce doit être à proportion de la grandeur du choc.

9. La quantité du choc de deux corps égaux, ou dont le plus fort est le plus grand, se doit regler par la somme ou par-là difference des vîtesses: par la somme dans les vîtesses en sens contraire, & par la difference dans les vîtesses en même sens. Ainsi dans le cas que les corps

sont égaux, ou que le plus fort est le plus grand, la quantité du choc est égale à la somme ou à difference des vîtesses multipliée par la masse d'un des corps s'ils sont égaux, ou du plus petit, s'ils sont inégaux. Car les corps ne se poussent que parce qu'ils sont impenetrables. Ils n'agissent donc que selon la vîtesse avec laquelle ils se rencontrent dans l'instant du choc. Ainsi lorsque le plus fort est le plus grand, il n'agit pas selon toute sa force sur le petit qui vient à se rencontrer, mais selon la vîtesse respective multipliée seulement par la masse du petit, qu'il chasse devant luy pour avoir le passage libre.

10. La quantité du choc de deux corps inégaux, dont le plus fort est le plus petit, est égale à la somme de leurs forces, ou de leurs mouvemens, s'ils vont l'un contre l'autre. Car les corps étant impenetrables, le plus grand pousse dans ce cas selon toute sa force contre le plus petit qui le pousse de toute la sienne. Mais si l'un des corps attrappe l'autre, la quantité du choc est égale seulement à la difference des vîtesses multipliée par la masse du plus petit, parce que le plus grand n'a point de force contraire.

11 Puisque les corps sont mûs à proportion qu'ils sont poussez, il est clair que la quantité du choc doit regler la quantité du mouvement que reçoit le plus foible dans l'instant du choc. Dans lequel instant il faut considerer le plus foible comme en repos, si le mouvement qu'il avoit avant le choc étoit contraire à celui du plus fort, & comme ayant déja quelque mouvement, s'il étoit mû dans le même sens que celui qui l'attrappe, & qui le choque. De sorte que le plus foible doit réjaillir avec un mouvement égal à la quantité du choc, ou continuer son

mouvement avec une augmentation égale aussi à la quantité du choc. Tout cela encore un coup parce que le mouvement ne se perd point ; & que les corps sont impenetrables & supposez durs infiniment ; qu'ils sont mûs autant qu'ils sont poussez ; & que le mouvement se communique par le choc immediatement & dans un instant ; qu'un même corps, ne pouvant en même tems recevoir deux forces ou deux mouvemens contraires, le plus fort ne peut jamais rien recevoir du plus foible, & qu'ainsi la force du plus foible doit retomber sur luy-même avec ce que luy en donne le plus fort. Car les corps étant supposez parfaitement durs, toutes leurs parties avancent ou reculent également. Au lieu que la partie choquée des corps durs à ressort recule, dans le temps que la partie du même corps la plus éloignée de celle qui est choquée, continuë d'avancer. De sorte que ces corps ont toûjours dans l'instant du choc deux mouvemens contraires. Le plus fort reçoit toûjours dans sa partie choquée le mouvement du plus foible, qui se transmet ensuite dans une matiere insensible, laquelle le rend aussi-tôt apres le choc. Et c'est-là l'origine de la difference qu'il y a entre les loix du mouvement des corps durs à ressort, & celles qui dépendent des suppositions que je viens de faire, ainsi que je le prouverai dans la suite.

Il y a quelques personnes qui pretendent que si un corps parfaitement dur en choquoit un autre de même nature & inebranlable, le premier demeureroit en repos sans réjaillir, à cause, disent-ils, qu'il n'auroit aucune cause nouvelle de mouvement en arriere, & qu'il n'y a que le ressort qui fasse que les corps réjaillissent apres le choc. Or si cela étoit vray, il est clair que le mouvement s'aneantiroit, & que les loix que je pretens établir sur ce principe, qu'il ne s'aneantit point, seroient absolument fausses. Je repons donc qu'il y a une cause nouvelle du mouvement en arriere, & que cette cause est le choc même, qui fait que le choquant, & le choqué sont également poussez, parce qu'ils sont également impenetrables, & que le choqué est supposé inebranlable.

Par exemple si deux boules égales A & B sont parfaitement dures, & que A choque B qui est en repos, A perdra tout son mouvement, & B le prendra. Cela doit être ainsi; car quoy que B soit impenetrable, il n'a point de force qui le rende inébranlable. Il est poussé sans repousser, puisque le repos n'a point de force pour resister au mouvement. A n'étant donc point repoussé, il ne doit point réjaillir, & comme il pousse B de toute sa force, B doit prendre tout son mouvement. Car lors que les corps sont mûs, ils le sont à proportion qu'ils ont été poussez. C'est-là ce me semble un principe incontestable.

Mais supposons maintenant que la boule soit renduë inebranlable par quelque force que ce soit, il est clair que, si A la choque, il sera autant repoussé qu'il aura poussé, puisque l'un & l'autre sont impenetrables. Donc par le principe, que les corps sont mûs comme ils sont poussez, il réjaillira avec autant de vîtesse qu'il étoit venu. Puisque les circonstances ne sont plus les mêmes que dans la supposition précedente, il doit assurément y avoir quelque diversité dans les effets, & il n'est pas concevable que le corps A demeure en repos apres le choc. Mais, dira-t-on, il n'y a point de ressort; & c'est le ressort qui donne le mouvement en arriére. Je l'avoüe. Dans les corps à ressort, c'est le ressort qui donne le mouvement en arriere. Mais c'eſt que les corps à reſſort employent toute la force de leur mouvement à bander pour ainſi dire leur reſſort. C'eſt qu'ils donnent tout leur mouvement à une matiere inviſible qui le leur rend auſſi-tôt, & qui les repouſſe autant qu'elle en a été pouſſée, ainſi que je ferai voir dans la ſuite. Ils tirent leur mouvement en arriere de la force de celui qu'ils avoient en avant: car la force de leur reſſort qui les repouſſe vient uniquement de la force de leur choc, auſſi-bien que dans les corps parfaitement durs & ſans reſſort.

DEFINITIONS.

J'appelle m la maſſe d'un corps, une boule par exemple d'un pouce de diametre, & $2m$, $3m$, $4m$, &c, les corps dont la maſſe eſt double ou triple, &c.

J'appelle $m0$, un corps en repos, $m1$ ou m, $m2$, $m3$, &c, les corps dont la vîteſſe eſt d'un ou de deux oude trois degrez: & $m\frac{1}{2}$, $m\frac{2}{3}$, &c, ſi leur vîteſſe eſt d'un demy-degré, ou deux tiers, &c

Ainſi $2m3$ ſignifie un corps dont la maſſe eſt double, & la vîteſſe triple d'un autre. Le premier nombre marque la maſſe, & le ſecond la vîteſſe Et lorſqu'il n'y a point de nombre avant m ou aprés, l'unité eſt ſous entenduë. Ainſi m ſignifie $1m1$, $m2$, vaut $1m2$, & $2m$ vaut $2m1$. Le signe + signifie plus, et celui-cy – moins, ainsi +3 –2 signifie plus trois moins 2.

PREMIERES LOIX de la Communication des Mouvemens.

XII 12. *Pour deux corps dont l'un est en repos.*

Exemples

m1, ou m2, ou m3 rencontrant mo : m1, apres le choc ou m2, ou m3 deviendra mo ; & mo deviendra ou m1, ou m2, ou m3.

ces m barrés doivent être romaines

Avant le choc.		Apres le choc.	
1 m2	mo.	mo.	m2
1. 2 m4.	2 mo.	mo.	2 m2.
m3.	mo.	mo.	m3, choc.
3 2m.	mo.	$2m\frac{1}{2}$	m.
2. 4 3m2.	mo.	$3m\frac{4}{3}$	m2.
5 2m3.	4mo.	2mo	$4\frac{m3}{2}$, choc.
2 m.	2 mo.	mo.	$2m.\frac{1}{2}$
3. m2.	3mo.	mo.	$3m.\frac{2}{3}$
m3.	4mo.	mo,	$4m.\frac{3}{4}$ choc.

Ces Regles sont fondées.

1. Sur ce que le repos n'a point de force pour resister au mouvement.

2. Sur ce que les corps étant supposez infiniment durs, la force du choquant agit immediatement & en un instant sur le choqué, & par consequent il ~~agit sur lui~~ le pousse selon toute sa vîtesse.

3. Sur ce que cette force étant ~~appliquée~~ une fois reçue, elle se distribue doit dans toute la masse à cause de la

dureté supposée. Ainsi cette force étant divisée par la masse, on a pour exposant la vîtesse du choqué.

4. Sur ce que le choquant garde pour lui le mouvement qu'il ne donne point. De sorte que divisant ce reste qu'il retient, par sa masse, on a pour exposant la vîtesse qui lui reste.

XIII ~~13.~~ *Pour deux corps qui se choquent quoique mûs du même côté.*

	Avant le choc.		*Apres le choc.*	
6 ~~4.~~	m2.	m.	m.	m2.
7 ~~5.~~	2m2.	m.	2m $\frac{3}{2}$	m2.
8 ~~6.~~	m2.	2m.	m.	2m $\frac{3}{2}$.
9	2m4	3m2	2m2.	3m $\frac{10}{3}$

Ces Regles sont fondées sur les mêmes principes que les trois premieres, car il est évident qu'un corps qui est mû dans le même sens qu'un autre, n'a point de force contraire pour lui résister, & qu'il n'est choqué par celui qui l'attrape que selon la difference des vîtesses.

Il me semble qu'il n'y a point de difficulté sur ces ~~six~~ premieres regles. Voicy celles qui regardent les corps qui se choquent par des mouvemens contraires, en supposant que le mouvement ne se perde point.

XIV ~~14.~~ *Pour deux corps qui se choquent avec des mouvemens contraires.*

	Avant le choc.			*Apres le choc.*	
7.	m.	m.	*En sens*	m.	m.
8.	m2.	m.	*contraire.*	m0.	m3.
~~9.~~	~~2m.~~	~~m2.~~		~~2m.~~	~~m2~~
9 ~~10.~~	2m.	m.		2m $\frac{1}{2}$.	m2.
10	2m2	m		2m	m3
11	3m	m		9m $\frac{2}{3}$	m2
12	3m	m2		3m $\frac{2}{3}$	m3

11. 2m2. m. 2m. m3.

Ces Regles, font fondées sur les articles 8. 9. 10. 11.

REGLE GENERALE,

lorsque deux corps se choquent, soit que l'un se meuve, & l'autre demeure en repos, soit que tous les deux se meuvent de même part, ou en sens contraire.

1. Cherchez le produit de la vîtesse par la masse de chacun des corps mûs en sens contraire, & celui qui aura un plus grand produit, étant le plus fort (par 7.) vaincra l'autre, & le fera réjaillir. Mais lors que les corps se meuvent en mêmes sens, ou qu'un des deux est en repos, celui qui va le plus vîte, sera toûjours le plus fort, parce que l'autre quoy que plus grand de masse n'a point de force contraire pour lui resister.

2. Prenez (par 9. ou 10.) la quantité du choc, vous aurez (par 11.) le mouvement en arriere du plus foible, si les corps se sont choquez avec des forces contraires ; ou l'augmentation de son mouvement, s'ils alloient de même côté.

3. Divisez ce mouvement ou cette augmentation par la masse du plus foible, & vous aurez sa vîtesse (par 7.)

La demonstraiton de cette regle est dans des articles 7. 8. 9. 10. 11. & principalement dans le onzieme.

EXEMPLE.

m12 allant contre 3m2.

1. La force de m12 est 12. Et celle de 3m2 est 6.

2. La quantité du choc est 18.

3. Qui divisée par 3. nombre des masses, donne 6. vîtesse de $3m2$ qui devient $3m6$, aprés le choc, & $m12$ devient mo.

SECONDES LOIX
de la communication des mouvemens.

15. Il y a cette difference essentielle entre l'action des corps qui se choquent, lorsqu'on les suppose parfaitement durs par eux mêmes ou sans ressort, & celle des corps qui ne sont durs que par leur ressort, que l'action des corps durs par supposition se communique de l'un à l'autre immediatement, & dans un instant; & que celle des corps durs à ressort, tels que sont les corps durs ordinaires, ne se communique de l'un à l'autre que successivement & par l'entremise de la matiere subtile qui en penetre les pores, & qui reçoit & redonne l'impression des corps qui se choquent. Comme cette difference est le principal fondement de celle qui se trouve entre les loix des mouvemens, desquelles je viens de parler, & les loix qu'on tire des experiences, entant qu'elles frappent nos sens; c'est une necessité de l'expliquer plus au long, & de la bien démontrer.

16. Il faut certainement de la force pour agir ou pour resister à quelque action. Les corps durs qui font ressort se redressent lorsqu'on les à courbez, ils resistent à l'effort qu'on fait pour les rompre: ils ont donc quelque force. Or cette force ne vient point du repos de leurs parties, ni de celles qui les environne & qui les pénetre. Car un corps dur une fois courbé demeureroit toûjours courbé. Donc il faut que les corps à ressort se redressent par l'effort de quelque mou-

ment. En effet si l'on ne veut raisonner des corps & de leurs proprietez que sur les idées claires que l'on en peut avoir, on n'attribuera jamais à la matiere d'autre action que celle qu'elle tire de son mouvement. Il faut donc reconnoître que la force du ressort vient de quelque mouvement. Or ce mouvement n'est point dans les parties qui composent les corps à ressort, puisque toutes ces parties demeurent en repos les unes auprés des autres. C'est donc une necessité de dire que le mouvement, qui fait la force des corps à ressort, est celui de la matiere subtile ou invisible qui les environne, & qui en penetre les pores. On peut d'abord si l'on veut regarder cecy comme une supposition. Mais il faut le mediter serieusement pour le bien comprendre, & les autres suppositions que je vas faire; car je consens volontiers qu'on regarde comme des suppositions ce que je vas dire. On jugera plus sûrement dans la suite si ces suppositions sont des veritez ou des pures imaginations.

17. Soit A un corps ordinaire soutenu & arrêté sur un plan immobile & infiniment dur. Si on le frappe avec un marteau aussi dur que le plan, il est clair ce me semble que la partie que le marteau choque immediatement, avancera, & poussera la matiere subtile qui penetre les pores du corps A les plus proches de la partie choquée; que cette matiere subtile pressera la partie qui l'a poussée, aussi-bien que celles du corps A qui sont plus avancées, ou plus proches du plan; & que ces parties plus avancées en pousseront encore d'autres de même qu'on vient de dire qu'à fait la partie choquée. Or si cette matiere subtile, qui seule independemment de ce choc a de l'action, comme je viens de le prouver, trouve peu de resistance dans le corps

A pour continuer son mouvement particulier, & celuy qu'elle reçoit du coup du marteau ; le corps A s'applatira : parce que les petites parties qui le composent, n'étant point éxactement unies les unes avec les autres, à cause que chacune d'elles est ou entierement ou presqu'entierement separée de sa voisine par la matiere subtile qui l'environne, le moindre effort peut changer leur situation. Je ne dois pas m'expliquer icy plus au long.

18. Mais si la matiere subtile trouve dans le corps A beaucoup de resistance à continuer son mouvement particulier, & celuy qu'elle reçoit du coup, ou bien elle se fera quelqu'autre voye, ou elle puisse facilement continuer à se mouvoir comme auparavant. Et alors le corps A demeurera quelque peu applati apres le coup ; & cela à proportion de la force du coup.

19. Ou bien cette même matiere ne pourra changer la tissure & l'arrangement des parties du corps A, ni en le brisant se faire une autre voye ou elle puisse continuer à se mouvoir avec la même facilité qu'auparavant, de sorte qu'elle sera forcée de retourner toute entiere dans les pores qu'elle avoit en partie abandonnez. Et alors ce corps A paroîtra tel qu'il étoit avant le choc. On appelle *mou* le corps A, s'il s'applatit facilement, *dur* s'il ne s'applatit qu'avec peine, & *à ressort*, s'il se retablit promptement apres le choc dans son premier état.

20. Il suit de cecy 1. que lors qu'un corps en choque un autte qui est en arrêt, ou qui lui resiste, le mouvement qu'imprime le choc ne se communique pas tout entier en un instant. Car puisque les parties du corps choqué, & de la matiere subtile qui est dans leurs pores cédent du moins quelque peu à l'effort du choc, il est

évident que le corps choquant continuë son impression, car ce corps continuë d'avancer tant que le choqué lui cede.

2. Que dans le choquant il arrive la même chose, sçavoir que la réaction du corps choqué, & de la matiere subtile contre le choquant ne se fait pas toute entiére en un instant, mais successivement, & d'une partie à sa voisine, de sorte qu'elle n'est compléte que lors que la partie du choquant la plus éloignée du point de rencontre n'avance plus vers le corps choqué.

3. Que lorsque l'effort de la matiere subtile, trop comprimée est égal à la force qui reste au choquant, il se fait une espece d'equilibre apres lequel commence le réjaillissement, qui augmente successivement, mais fort promtement, & d'autant plus promptement que la force du ressort est plus grande; ou ce qui est la même chose, que la matiere subtile à été plus comprimée par la resistance que le corps choqué a fait au choquant.

21. On a prouvé cy devant, que si deux corps infiniment durs mûs, par des mouvemens contraires, se choquent, le plus fort ne reçoit aucune force ou aucun effet du choc du plus foible, parce que le mouvement ne se perd point, que le plus fort ne peut recevoir du mouvement du plus foible sans avoir en même temps deux mouvemens contraires, & que la force des corps, ou l'effet de leur choc ne peut être que du mouvement, ou du transport actuel. Mais il n'en est pas de même des corps à ressort quelque durs qu'on les suppose. Dont la raison est que ces sortes de corps ne communiquent leur mouvement que successivement. Ainsi quoy que le plus foible ne puisse vaincre le plus fort, il peut vaincre une certaine quantité de petites parties qu'il choque

dans le plus fort, lesquelles ne soint point suffisamment soutenuës par celles qui sont éloignées de l'endroit ou se fait le choc : parce que ce corps n'est point dur par luy-même, mais par la matiere subtile qui préte pour ainsi dire, & qui céde toujours à l'effort du choc.

m2. | 6 | 5 | 4 | 3 | 2 | 1 | *m.* | a | b | c | d | e | f |

22. Pour expliquer cecy, soient les deux corps *m2* & *m*, c'est à dire deux corps égaux, mais dont la vîtesse de l'un soit double de la vîtesse de l'autre, & qui se meuvent par des mouvemens contraires. Si ces corps sont infiniment durs, & qu'ils agissent immediatement, & en un instant l'un sur l'autre, *m2* deviendra *mo* apres le choc, & *m* deviendra *m3*, parce que le plus foible *m* ne peut vaincre le plus fort *m2*, & que son propre effort retombe sur luy avec l'effort, de *m2*. Mais si l'on considere que ces deux corps sont composez d'une infinité de petites parties ou de petits corps, comme 1. 2. 3. 4. &c. *a. b. c. d.* &c qui sont en repos les uns auprés des autres, & de la matiere subtile qui est entr'eux, & qui les soutient, & les comprime, on verra bien. Premierement que les deux parties *a* & *b* ont autant de force que la partie 1, quoique de vîtesse double. Secondement que les trois *a. b. c.* la doivent vaincre, & l'obliger à reculer jusqu'à ce que la partie 2. la soutienne. Troisiémement que les parties 1. 2. doivent faire reculer *a. b. c.* & qu'ainsi les petits corps sont repoussez en arriere dans *m2*, aussi bien que dans *m*, par cette raison encore un coup que *m2* n'agit point en un instant, & selon toute sa force sur *m*, à cause que la matiere subtile qui

qui est entre les petits corps *a. b. c.* 1. 2. 3. cede jusqu'à un certain point, ou l'effort du choc est en équilibre avec la resistance de la matiere subtile, équilibre qui ne peut durer qu'un instant

23. Or apres cet équilibre, la matiere subtile trop comprimée, c'est à dire trop contrainte dans son mouvement, retournant avec toute la force dont le choc l'avoit comprimée, (si le ressort est parfait,) dans les pores dont elle avoit été chassée en partie, repousse également de part & d'autre les corps qui s'étoient choquez. Je dis également, parce que supposant ces corps de même nature, le plus fort n'a pû chasser la matiere subtile des pores du plus foible, que parce que le plus foible luy resistoit par un mouvement contraire, & qu'il ne pouvoit luy resister qu'il ne fît dans une partie du plus fort égale à sa masse propre, la compression qu'il souffroit luy-même, ou une compression d'autant plus grande que la partie de la masse comprimée étoit plus petite; car il ne peut y avoir équilibre sans égalité de forces contraires Mais quoy que les corps choquez soient repoussez également par la matiere subtile, ils ne doivent pas réjaillir avec une égale vîtesse si ce n'est qu'etant égaux, ils se fussent choquez avec des vîtesses égales.

24. Il faut sur tout bien remarquer deux choses qui arrivent dans le choc des corps. La 1. que si on suppose que le ressort soit parfait, la réaction de la matiere subtile sur chacun des corps choquez par des mouvemens contraires, sera précisement égale à la force du plus foible, & non pas à la force du plus fort, ni à celle que produit le choc. De sorte que si un corps est en repos, ou n'a point de mouvement

contraire, on peut regarder la réaction comme nulle. Et cela seul suffit pour faire voir que les loix des mouvemens doivent en ce cas être les mêmes pour les corps infiniment durs, & pour les corps à ressort. Car je ne considere point icy la resistance de l'air, ny celle de la pesanteur, ny aucune autre, je ne considere que celle des mouvemens contraires qu'ont les corps qui se choquent.

La seconde dont dépendent les loix des mouvemens, lorsque les corps se choquent par des mouvemens contraires, est que le plus foible n'est pas seulement répoussé par une réaction de la matiere subtile égale à la force qu'il avoit avant le choc, mais encore par l'excez de la force du plus fort sur la sienne, dont le plus fort lui communique du moins une partie. Car il arrive toûjours que, lors que deux corps à ressort sont choquez par des mouvemens contraires, le plus foible réjaillit avec bien plus de vîtesse qu'il n'étoit venu. Ces principes supposez, venons aux secondes loix du mouvement. Mais j'avertis encore un coup que je fais abstraction de la resistance de l'air, de celle de la matiere subtile qu'on attribuë communement à la pesanteur des corps, & de celle enfin qui vient de la diversité de leurs figures; circonstances qui doivent causer des varietez infinies dans ces loix. En un mot je ne considere dans les corps mous que leur masse & leur vîtesse, & dans les corps durs que leur masse, leur vîtesse & la force du ressort qu'ils tirent de la compression, ou de la réaction de la matiere subtile.

LOY GENERALE POUR les corps mous.

XXVI 26. Si un corps en attrappe un autre, ou le rencontre en repos, tout le mouvement se partagera également dans toutes lesparties, & ils iront de compagnie avec une vîtesse égale à l'exposant de tout le mouvement divisé par toutes les masses. Que si les deux corps vont l'un contre l'autre, ils s'applatiront en une infinité de manieres differentes, selon les diverses suppositions des vîtesses & des figures des corps. Mais la partie du plus fort, qui multipliée par sa vîtesse est l'excez de la force du plus fort sur le plus foible, continuera son chemin avec la même vîtesse qu'auparavant. Cependant si pour accorder cecy avec les experiences qu'on peut faire, on veut supposer que les corps mous ont quelque dureté par l'air ou la matiere subtile qui les comprime; & que l'air résiste au mouvement lateral qui est composé des deux determinations contraires du choc, & cela suffisamment pour empêcher que le corps mou le plus fort ne perce à jour le plus foible; alors les deux corps s'applatiront, leurs mouvemens contraires se détruiront en apparence; & l'excez de la force du plus fort divisée par les masses des deux corps sera la vîtesse avec laquelle ils iront de compagnie. Il me semble que cela n'a besoin ny d'explication, ny de preuve, suppose que le repos n'ait point de force, et que la pezanteur et l'air ne fasse aucune resistance

LOY GENERALE POUR les corps à ressort, lors que les mouvemens ne sont point contraires.

27. Puisque la matiere subtile n'a point de réaction si elle n'est comprimée, & qu'elle n'est comprimée dans le choc des corps que par leur résistance, & à proportion de leur résistance; si un corps à ressort en choque un autre qui soit en repos, ou qui n'ait point de mouvement contraire pour luy résister, il est clair qu'il observera les mêmes loix de mouvement que les corps durs sans ressort, car un ressort qui n'est point bandé n'a nul effet. Or encore un coup, le ressort des corps n'est bandé, ou ce qui est la même chose, la matiere subtile n'est comprimée qu'à proportion de la résistance que le corps choqué fait au choquant.

On pourroit peut-être s'imaginer qu'un corps en repos résiste effectivement au mouvement de celui qui le choque avec beaucoep de vîtesse. Car puis qu'il faut qu'un même corps ait une force double pour donner à un autre qu'il rencontre une vîtesse double, une force triple pour une vîtesse triple, on pourroit croire que cela vient de ce que les corps en repos résistent doublement à une vîtesse double. Mais il faut prendre garde que s'il faut le double de force pour donner à un corps une vîtesse double, cela ne vient nullement de ce que le repos a une force veritable, mais de ce qu'il faut que la cause réponde à l'effet. Par exemple pour créer deux pieds de matiere, il faut le double d'action ou de volonté active dans le Createur, que pour n'en créer qu'un pied. Mais ce seroit fort mal raisonner que d'en conclure que le neant résiste effectivement à l'action du Createur. Un corps en repos quelque grand qu'il soit, ne peut donc résister à un fort petit, quoy qu'il en soit choqué avec une grande vîtesse, parce qu'il peut en recevoir l'impression, en prenant une vîtesse qui soit en raison reciproque de sa masse. Mais si un grand corps avoit quelque mouvement contraire à celui d'un petit, & que ce grand corps fût infiniment dur, il ne pourroit s'il étoit le plus fort en rien recevoir du petit Car un corps ne peut en même tems avoir deux mouvemens contraires.

Il n'y a pas ce me semble beaucoup de difficulté dans ce qui regarde les loix des corps mous, ny même celles des corps durs à ressort, lors que leurs mouvemens ne sont point contraires. Mais il n'est pas facile d'en établir pour les corps à ressort qui ont des mouvemens contraires. Voicy neanmoins ce que je crois qu'il faut faire pour sçavoir la force ou le mouvement de chacun des corps apres le choc.

REGLE GENERALE

pour les corps durs à ressort qui se choquent par des mouvemens contraires.

28\. 1. Retranchez du plus fort la quantité de la force du plus foible. Car (par 22.) entre l'instant du choc & celuy de l'équilibre, le corps le plus fort a autant perdu de mouvement que le plus petit. Mais il faut prendre garde que si le plus fort est le plus grand, le retranchement ne doit tomber que sur la masse.

Par exemple si on veut retrancher $m6$ de $3m6$, il faut prendre $2m6$, & non pas $3m4$. Car les plus grands corps agissant sur les petits à raison de leurs vîtesses, quoy que les forces $2m6$ &

$3m4$ soient égales, $2m6$ peut communiquer à mo six degrez de vîtesse, au lieu que $3m4$ n'en peut donner que quatre. Et la raison de cecy est qu'on doit regarder dans le plus grand corps la partie choquée comme en repos, dans l'instant de l'équilibre, & celle qui est éloignée de l'endroit du choc, comme en mouvement, parce qu'elle avance effectivement encore, & qu'elle presse la partie choquée contre le corps le plus foible à proportion de sa vîtesse, de sorte que la partie choquée du plus fort ne sert plus qu'à transmettre l'action de celle qui la suit derriere. Lors que plusieurs dames de Trictrac sont rangées sur une ligne droite en repos les unes aupres des autres, si on choque la premiere avec une certaine vîtesse, quoy que celles du milieu demeurent comme en repos, la derniere sera mûë avec la même vîtesse. C'est icy à peu pres la même chose. Ainsi le retranchement dont je viens de parler ne doit pas tomber sur la vîtesse mais sur la masse, puisque dans l'instant de l'équilibre la partie du grand corps qui est choquée est comme en repos sans force particuliere.

2. Retranchez encore le produit de sa vîtesse par la masse du plus petit des deux corps. Mais remarquez que quoy que le plus fort soit le plus grand, il doit passer pour le plus petit, s'il est moins d'une fois plus grand que le plus petit. Car on l'aura diminué d'une masse égale à celle du plus petit. Et en ce cas luy retrancher le produit de sa vîtesse par la masse du plus petit, c'est lui retrancher tout le mouvement qui lui reste. La raison de ce second retranchement est que dans l'instant qui suit immediatement celui de l'équilibre, le plus foible n'ayant plus de mouvement contraire, il reçoit la partie du mouve-

ment du plus fort que les premieres loix determinent dans un cas semblable ; parce que la compression qui repond à la force du choc étant achevée, le plus foible reçoit tout d'un coup, & non peu à peu l'impression du plus fort, & cela par l'entremise de la partie choquée du plus fort qui appuye sur le plus foible. Mais si le plus fort est le plus petit, retranchez luy toute la force qui luy reste

3. Retranchez encore une fois du plus fort la quantité de la force du plus foible avant le choc, parce qu'elle est égale à la reaction de la matiere subtile (par 22. & 23.) Car quoy que le plus fort ne reçoive rien du plus foible, dans le choc des corps durs par eux mêmes, il n'en est pas de même dans le choc des corps durs à ressort ; parce que les petites parties dont ils sont composez, & la matiere subtile qui est dans leurs pores cedent également dans les deux corps s'ils sont de même nature.

4. Ajoûtez ensemble tous ces retranchemens, & si la somme est plus petite que la quantité du mouvement du plus fort avant le choc, il continuera son chemin avec la force qui luy reste : si elle est plus grande, il reculera avec la force de cet excez : & si elle est égale, il demeurera en repos.

DEUX REGLES
particulieres lorsque le plus fort est le plus petit, & lors qu'ils sont tous deux égaux.

29. 1. Lorsque le plus petit est le plus fort, retranchez en tout son mouvement, & donnez lui celui qu'avoit le plus foible avant le choc,

qui est égal à la force de la réaction de la matiere subtile. Cette force divisée par la masse du plus petit , donnera la vîtesse de son réjaillissement.

2. Lors qu'ils sont tous deux égaux , quelque vîtesse qu'ils ayent, ils doivent réjaillir en faisant une permutation reciproque de leurs vîtesses.

On pourra reconnoître aisement ce qui doit arrriver au plus foible apres le choc, lors qu'on comprendra bien la regle generale , & les raisons sur lesquelles elle est appuyée , c'est pourquoy il faut l'eclaircir par des exemples.

PREMIER EXEMPLE.

30. Soient deux corps à ressort A & B qui se choquent par des mouvemens contraires , A par 3*m*12, & B par *m*12.

1. Retranchez *m*12 de 3*m*12 , vous aurez 2*m*12 pour la force du corps A dans l'instant de l'équilibre.

2. Puisque dans l'instant qui suit l'équilibre le corps B n'a plus de force contraire , & qu'il est poussé par A avec la force 1*m*12, il recevra suivant les 1. loix *m*12: Donc le corps A sera encore poussé en même sens par *m*12, & B aussi, mais en sens contraire.

3. Cependant la matiere subtile trop comprimée agissant aussi dans le même tems également sur les deux corps , elle fera qu'ils se pousseront encore chacun avec la force *m*12, puisque sa réaction sur chacun des corps est égale à la force du plus foible. Donc B aura pour son réjaillissement *m*24, & A sera 3*m*0 Et la ~~force *m*24 qui a été communiquée à la matiere subtile qui penetre les deux corps, & ensuite à celle qui les environne , lui fera faire mille mouvemens.~~

mens, & aux corps A & B mille vibrations qui frapperont l'air tant grossier que subtil, de sorte que le mouvement se communique toûjours par des loix invariables sans jamais se perdre.

SECOND EXEMPLE.

Soit A ∞ m4. B ∞ $m\frac{}{3}$.

1. A ∞ m4 — $m\frac{2}{3}$ ∞ $m\frac{10}{3}$. B ∞ m0. *Instant de l'equilibre.*

2. A ∞ m0. B ∞ — $m\frac{10}{3}$. *2. Instant.*

3. A ∞ — $m\frac{2}{3}$ B ∞ — $m\frac{10}{3}$ — $m\frac{2}{3}$ ∞ — m4. *3. Instant.*

Ce signe — marque le mouvement en sens contraire.

4. Donc A rejaillira avec la vîtesse de B, & B avec celle de A. Ces deux corps feront une permutation réciproque de leurs mouvemens, & cela est general lorsque les corps sont égaux quelque vîtesse qu'ils ayent. De sorte que lors que les corps sont égaux, quoique l'on puisse se servir de la regle, le plus court est de les faire rejaillir en changeant réciproquement leurs vîtesses.

TROISIE'ME EXEMPLE.

Soit A ∞ 3m12, & B ∞ 2m12. *Instant de l'equilibre.*

1. A ∞ 3m12 — 2m12. B ∞ 2m0.

2. A 3m0. B ∞ — 2m6 ou — 3m12 + 2m12. *2. Instant.*

3. A ∞ — 3m8. B ∞ — 2m18. *3. Instant.*

4. Donc A rejaillit avec 8. dégrez de vîtesse & B avec 18.

QUATRIE'ME EXEMPLE.

Soit A ∝ 4m12. B ∝ m12.

1. A ∝ 4m12 — m12. B ∝ mo.

2. A ∝ 4m12 — 2m12. B ∝ — m12.

3. A ∝ 4m12 — 3m12. B ∝ — 2m12 ∝ — m24.

4. 4m12 — 3m12 ∝ m12 ∝ 4m3; donc A continuera avec trois dégrez de vîtesse, & B. rejaillira avec 24.

CINQUIE'ME EXEMPLE.

Soit A ∝ 4m12. B ∝ 2m3.

1. A ∝ 4m12 — 2m3. B ∝ 2mo.

2. A ∝ 4m12 — 2m3 — 2m12. B ∝ — 2m12.

3. A ∝ 4m12 — 2m3 — 2m12 — 2m3. B ∝ — 2m12 — 2m3.

4. Donc A ∝ 4m3, & B ∝ — 2m15. Donc A avec 3. dégrez de vîtesse continuera son chemin, & B rejaillira avec 15.

SIXSIE'ME EXEMPLE.

Soit A ∝ m24. B ∝ 4m2.

1. A ∝ m24 — 4m2. B ∝ 4mo.

2. A ∝ mo. B ∝ — m24 + 4m2.

3. A ∝ — 4m2 ∝ — m8. B ∝ — m24 ∝ — 4m6.

Donc A rejaillira avec 8. degrez de vîtesse, & B avec 6.

COROLLAIRE PREMIER.

Il suit de cette regle que deux corps égaux ou inégaux à ressort parfait, ou même imparfait, mais égal dans l'un & dans l'autre, se choquant avec des vîtesses contraires égales ou inégales, il suit dis-je, que la somme du mouvement en avant qui precede le choc, & de celui en arriere qui le suit, est égale dans chacun des corps. C'est à dire,

1. Que s'ils reculent tous deux apres le choc, la somme du mouvement en avant & en arriere de chacun d'eux sera égale. Par exemple *m*12 choquant *m*6, si *m*12 rejaillit *m*6, *m*6 rejaillira *m*12; ce qui arrive lorsque le ressort est parfait. Que si *m*12 rejaillit *m*2, *m*6 rejaillira m8, ce qui peut arriver lorsque le ressort est imparfait. Or dans le premier cas *m*12 + *m*6 ∞ *m*6 + *m*12, & dans le second *m*12 + *m*2 ∞ *m*6 + *m*8.

2. Que s'il n'y en a qu'un qui rejaillisse, & que l'autre demeure en repos, le mouvement du plus fort qui demeure en repos sera égal à la somme du mouvement en avant & en arriere du plus foible. Par exemple 3*m*12 rencontrant *m*12, si 3*m*12 devient 3*m*0, *m*12 rejaillira *m*24. Or le mouvement 3*m*12 ∞ *m*12 + *m*24.

3. Que si le plus fort continuë de se mouvoir apres le choc, la somme de son mouvement avant le choc, & de son mouvement en arriere qui dans ce cas sera negatif, sera égale à la somme du mouvement en avant, & en arriere du plus foible. Par exemple que 6*m*12 choquant *m*12, si *m*12 recule *m*24, 6*m*12 continuera son

chemin $6m6$, & par consequent son mouvement en arriere sera $-6m6$. Or $6m12 - 6m6 \propto m12 + m24$.

La preuve de tout ceci est claire. Car dans le premier instant les deux corps perdent également de leur mouvement en avant (par 22.) & dans le troisiéme instant ils aquierent encore également du mouvement en arriere (par 23.) Or dans le deuxiéme instant le plus fort, s'il est plus petit, donne tout son mouvement au plus foible qu'il trouve en repos dans l'instant de l'équilibre. Ainsi il lui donne autant de mouvement en arriere qu'il en avoit lui même en avant. Donc en ce cas l'égalité dont il est question, est visible. Mais si le plus fort est le plus grand, il donne au plus foible autant de mouvement en arriere, qu'il lui communique de celui qu'il avoit en avant. Et le plus fort avec la force qui lui reste continuant son mouvement en avant qui est du mouvement en arriere negatif, il est clair qu'il y a toûjours égalité dans la somme des mouvemens en avant & en arriere apres le choc dans chacun des corps, parce que $3m12$ en avant est la même chose que $-3m12$ en arriere.

COROLLAIRE DEUXIE'ME.

XXXII Il suit encore de là que le mouvement de même part demeure toûjours le même devant & apres le choc. Par exemple si $4m12$ choque $2m3$, on aura $4m3$ & $2m15$ de même part qui est égal à $4m12$ moins $2m3$ qui est un mouvement contraire. De sorte que si Dieu ne conserve pas toujours absolument la mesme quantité de mouvement dans la matiere, il en conserve du moins la mesme quantité de mesme part, et par consequent en un sens la mesme force; car un corps poussé en avant comme 6, et repoussé en arriere comme 2, n'a réellement de force en avant que comme 4

COROLLAIRE TROSIÉME.

Donc dans le choc des corps si on connoît les mouvemens en avant & en arriere d'un corps, & celui en avant ou en arriere de l'autre, on connoît le quatriéme.

Or il faut remarquer que ce Corollaire étant confirmé par plusieurs experiences faites avec soin, prouve clairement que la réaction de la matiere subtile repousse également les deux corps quoi qu'inégaux en masse & en vîtesse, qui est à mon avis la seule chose dont on pouvoit douter avec quelque raison dans les preuves Physiques que je viens de donner des loix du mouvement.

31. Je ne pretens pas neanmoins que ces loix des communications des mouvemens doivent toûjours s'accorder avec l'experience, ou plûtôt avec ce qu'il y a de visible ou de sensible dans les experiences. Car lorsque deux corps se choquent, il se fait en eux plus de changement que nous n'en voyons. Je pretens seulement que ces loix n'en sont pas moins conformes à la raison, quoi qu'elles soient contraires à ce qui frappe nos sens dans les experiences. Mais afin qu'on puisse mieux juger de leur verité, il est necessaire d'ajoûter encore certaines reflexions sur les circonstances qui accompagnent le choc des corps, par le moyen desquelles on connoîtra à peu prés quand ces loix doivent s'accorder avec l'experience; & quand elles y doivent être tout fait contraires.

32. I. L'on a supposé dans les corps un ressort parfait, & il n'y eut jamais de tel corps. Car il est clair que la force du ressort des corps dependant de celle de la matiere subtile qui en pene-

tre le pores, si deux corps se choquent avec une force plus grande que celle par laquelle cette matiere unit & comprime les petites parties qui sont proches de l'endroit ou se fait le choc dans le corps dur, il est clair, dis-je, que la force de son ressort recevra quelque diminution par la separation de quelques-unes de ses parties. On peut encore concevoir plusieurs autres causes de la diminution de la force du ressort, parce que la matiere subtile ~~pour~~ être poussée avec trop de force, & chassée trop loin des pores qu'elle penetroit, pour y revenir assez promptement avec la même force qu'elle avoit avant le choc. Ainsi quoi que deux boules de verre ou d'yvoire qui se choquent legerement avec des mouvemens contraires, rejaillissent avec une certaine vîtesse, il ne s'ensuit nullement qu'en augmentant leurs mouvemens avant le choc dans la même proportion, ils doivent toûjours rejaillir avec des vîtesses reglées sur la même loy. Car au contraire les mouvemens des corps avant le choc pourroient être si grands par l'augmentation de leur vîtesse ou de leur masse, que leurs réjaillissemens diminueroient au lieu d'augmenter, ou cesseroient même de se faire. Cependant j'avoüe que le ressort des boulles de verre ou d'yvoire doit être regardé comme ressort parfait à l'egard des experiences ordinaires, parce que dans ces experiences on ne les fait pas choquer trop rudement, & que leur masse aussi bien que leur vîtesse est mediocre.

XXXV

La seconde chose qui empêche que les loix que je viens de donner ne soient observées est la résistance de l'air. Or cette resistance est plus grande, si les corps au mouvement duquel l'air resiste a plus de surface ou de vîtesse. Car premierement la résistance augmente en même raiſon que la ſurface. La raiſon en eſt evidente. ſecondement la reſiſtance augmente en raiſon doublée de la vîteſſe. De ſorte que ſi la vîteſſe eſt 1, la reſiſtance ſera 1. ſi la vîteſſe eſt 2, la reſiſtance ſera 4. ſi la vîteſſe eſt 3, la reſiſtance ſera 9. Dont la raiſon eſt que ſi un corps va deux fois plus vîte qu'un autre, non ſeulement il rencontre dans le même tems deux fois plus d'air, mais il le pouſſe encore deux fois plus fort, ce qui fait 4. quarré de la vîteſſe 2. s'il va trois fois plus vîte, il pouſſe trois fois plus d'air dans le même tems, & trois fois plus fort, ce qui fait 9. quarré de la vîteſſe 3.

Il ſuit de cela du moins en partie que ſi un grand corps eſt ſuſpendu & en repos, & qu'un fort petit le choque, il réjaillira : que ſi c'eſt un ais aſſez grand qui ſoit ſuſpendu, un coup de mouſquet le percera ſans que cet ais avance notablement : ce qui eſt contraire aux loix que je viens de donner.

33. La 3. cauſe de l'inobſervation apparente de ces loix, & qui eſt beaucoup plus conſiderable que celle de l'air, c'eſt la reſiſtance qu'on attribuë communement à la peſanteur, à cauſe que la reſiſtance eſt d'autant plus grande que les corps ſont plus peſans. Si un corps fort peſant eſt ſuſpendu en repos, & qu'un autre fort leger en comparaiſon de lui, mais d'un égal volume ſi l'on veut, le choque ; le leger rejaillira contre les loix que j'ai données. Or ce ne ſera pas à cauſe de la reſiſtance de l'air, car ces deux corps ſont ſuppoſez de pareil volume. Donc ce ſera à cauſe de la peſanteur. Car plus les corps ſont peſans, plus il reſiſtent quand ils ſont choquez, quoi que ſuſpendus à une corde, & dans un parfait repos. Ce raiſonnement paroît aſſez juſte. Mais, quoi ? ce qui fait la peſanteur d'un

corps est une force qui le pousse de haut en bas. Or un corps suspendu & choqué par un autre est poussé horizontalement, & un tel mouvement n'est point contraire à celui de haut en bas. Donc la resistance à ce mouvement horizontal ne peut venir de la pesanteur. Que si on pretend que la resistance que fait un corps suspendu vient de ce qu'il monteroit quelque peu s'il avançoit : assurement on se trompe. Car outre qu'il monteroit d'abord insensiblement, il faudroit que ce même corps suspendu à une corde longue de dix pieds fît dix fois moins de resistance que s'il étoit suspendu à une corde longue d'un pied. Car les arcs semblables & les sinus verses sont entr'eux comme les rayons ; & un corps suspendu & poussé ne monte que de la quantité du sinus verse de l'arc qu'il decrit. Il est donc certain que la resistance dont il est question ne vient point de la pesanteur quoique l'experience nous apprenne qu'elle augmente dans la même proportion que la pesanteur. C'est la difficulté qu'il faut tâcher d'éclaircir.

34. On convient assez que les corps les plus pesans sont ceux qui ont le moins de pores, ou de plus petits. Or il est évident que l'air ou quelque fluide que ce soit ne resiste au mouvement d'un corps que parce que ce corps déplace les petites parties de l'air ou du fluide, & les chasse devant lui, & plus un corps est serré, & a moins de pores par où l'air tant grossier que subtil puisse passer, & plus il est obligé de chasser devant lui de parties de ce fluide. Donc plus un corps est pesant, plus il trouve de resistance à être mû même horizontalement, & sur tout s'il est mû avec beaucoup de vitesse par les raisons que je viens de donner. Par exemple quoi qu'on remuë une raquette dans l'air avec beau-

coup de vîtesse, on ne trouve presque point de resistance parce que l'air passe librement par les trous de la raquette, & qu'elle ne pousse que les parties d'air que rencontre ses cordes, & le bois dont elle est composée. Si l'on mettoit sur cette raquette une peau troüée comme l'est un crible, la resistance seroit plus grande, parce que l'air n'y passeroit pas si librement, & que la peau en choqueroit un plus grand nombre de parties que la raquette toute seule. Si donc on conçoit que tous les corps sont comme des cribles à l'égard de la matiere subtile, & que les plus pesans sont ceux qui ont moins de trous, ou de plus petits, on verra sans peine par cette comparaison que les plus pesans apportent plus de resistance au mouvement, parce qu'ils déplacent plus de parties de la matiere subtile. Il faut seulement remarquer qu'il y a cette difference entre la resistance de l'air & celle de la matiere subtile, que celle de l'air n'augmente qu'à proportion de la grrandeur de la surface des corps en mouvement; parce que l'air grossier dont je parle n'en penetre pas les pores: au lieu que celle de la matiere subtile augmente à peu prés comme leur masse ou leur solidité; parce que cette matiere ~~en~~ penetre les pores + ~~&~~ ~~qu'un corps ne peut être mû qu'il ne pousse la matiere subtile qu'il renferme en lui-même.~~ Et c'est principalement pour cette raison que la resistance de la pesanteur, puis qu'on la nomme ainsi, est bien plus grande que la resistance de l'air: ~~outre qu~~ car il y a peut-être dix mille fois plus de matiere subtile que d'air à déplacer pour donner passage aux corps solides. Mais ce n'est pas ici le lieu d'entrer dans ce détail de la Physique qui demande beaucoup de tems, & un grand nombre d'experiences.

+ d'un corps d'autant moins qu'il est plus solide, et que ainsi un corps ne peut être mû qu'il ne chasse devant lui d'autant plus de matiere subtile qu'il est plus solide

XXXVIII ~~35.~~ Les differentes figures des corps qui se choquent doivent encore apporter beaucoup de varietez dans les communications des mouvemens, principalement à cause de la resistance de l'air qui est plus grande quand un corps a plus de largeur, parce qu'il pousse plus de particules d'air, & que s'il est mû avec beaucoup de vîtesse, l'air n'a pas assez de mouvement pour circuler promtement, & prendre par derriere la place que quitte le corps. De sorte que pour faire des experiences où cette varieté fût moins sensible, il vaudroit mieux faire choquer deux Cylindres de même largeur, & de bases demi-spheriques dont l'un fût double ou triple de l'autre, que de faire choquer deux boules de different volume. Mais ce sont là des reflections qui se presentent naturellement à l'esprit, & il seroit inutile de s'y arrêter davantage. Venons aux troisiémes & dernieres loix du mouvement, qu'on a fondées sur un grand nombre d'experiences faites necessairement dans le plein, et tachons d'en trouver les raisons physiques.

REFLEXIONS SUR LES TROISIÉMES LOIX.

Plusieurs sçavans Mathematiciens apres avoir fait un grand nombre d'experiences sur le choc des corps, nous ont donné les loix qui suivent.

Pour le choc des corps mous.

36. Lorsque deux corps mous se rencontrent, les mouvemens contraires s'ils en ont, se detruisent, & ils vont de compagnie avec le mouvement qui leur reste. Ainsi leur vîtesse apres le choc est égale à la difference de leurs mouvemens avant le choc divisée par la somme de leurs masses. Mais s'ils n'ont point de mouvement contraire, ils vont de compagnie apres le choc, avec la somme de leurs mouvemens. Ainsi leur vîtesse est égale à la somme de leurs mouvemens divisée par la somme de leurs masses. En ce cas ces troisiémes loix sont semblables aux secondes.

Pour le choc des corps à ressort.

37. 1. Regardez-les d'abord comme des corps mous. Ainsi divisez la somme ou la difference de leurs mouvemens par la somme de leurs masses; la somme si leurs mouvemens ne sont point contraires, & la difference s'ils le sont. L'exposant de cette division marqueroit leur

vîtesse s'ils étoient mous.

2. Mais à cause du ressort distribuez reciproquement aux masses leurs vîtesse respective, avant le choc; c'est à dire la somme, ou la difference des vîtesse avant le choc leur difference s'ils sont semblables.

3. Ajoûtez les mouvemens semblables, & retranchez les contraires. Les exemples éclairciront la regle. Le signe – moins marque le mouvement en sens contraire et ∞ marque egalité

PREMIER EXEMPLE.

A ∞ m24 rencontrant B ∞ 3 mo.

1. A ∞ m6.	B ∞ 3m6.
2. [illegible] —m18.	[illegible] 3m6.
3. m6—m18 ∞ —m12.	[illegible] 3m6 + 3m6 ∞ 3m12.

Dont A aura m12 de mouvement en arriere, & B en aura 3m12 en avant.

SECOND EXEMPLE.

Soit maintenant A ∞ m12 rencontrant B ∞ 3m12 par des mouvemens contraires.

1. A ∞ —m6.	B ∞ 3m6.
2. [illegible] —m18.	[illegible] — 3m6.
3. —m6—m18 ∞ —m24.	Et 3m6 — 3m6 ∞ 3m0.

Dont A rejaillira m24, & B demeurera en repos.

TROISIE'ME EXEMPLE.

Soit A $\propto m12$ qui attrappe B $\propto 3\underline{m}4$.

1. A $\propto m6$.	B $\propto 3m6$.
2. A $-m6$.	$3\underline{m}2$.
1. $m6 - m6 \propto m0$.	$3\underline{m}6 + 3\underline{m}2 \propto 3\underline{m}8$.

Dont A demeurera en repos, & B sera $3m8$.

Il seroit inutile de donner d'autres exemples. Car la regle est claire, mais la raison Physique de la regle ne paroît pas d'abord parce que les operations qu'elle prescrit ne representent point à l'esprit les effets naturels. Je m'explique.

Cette regle prescrit deux choses. Car supposé que A $\propto m24$ choque B $\propto 3\underline{m}0$, elle prescrit.

1. De regarder ces deux corps comme mous & de les faire aller apres le choc d'égale vîtesse. Ainsi $m24$ devient $m6$, & $3\underline{m}0$, $3\underline{m}6$.

2. Elle prescrit de distribuer reciproquement aux masses la somme ou la difference des vîtesses, parce que les deux corps sont également repoussez. De sorte que $m6$ doit être repoussé en arriere avec la vîtesse 18, & $3\underline{m}6$ en avant avec la vîtesse 6. Donc ajoûtant les vîtesses semblables, & retranchant les contraires, le corps A devient $-m12$, & le corps B. $3\underline{m}12$. C'est à dire que le corps B. a $3m12$ de mouvement en avant, & A. $m12$ de mouvement en arriere.

38. Dans les regles qui regardent la Physique, il faut que les operations qu'elles prescrivent repondent aux effets naturels & les representent

à l'esprit. Car si le calcul ne s'accorde point avec les operations de la nature, il est clair que la regle qui le prescrit n'est point fondée en raison quoi qu'elle puisse s'accorder quelque fois avec l'experience. Une telle regle au lieu de nous conduire à quelque intelligence de la verité, nous est ordinairement une occasion d'erreur, ~~comme on le va faire voir dans l'examen de celle-cy~~.

+ 2. la 2e operation paroît encore contraire à la raison car

1. ~~Il est evident que~~ la premiere operation paroît fort étrange, puisqu'elle ordonne d'appliquer à des corps durs la regle des corps mous. Ainsi le premier calcul ne paroît pas d'abord répondre à l'effet naturel qu'il doit representer à l'esprit.

~~+2. Mais quand cette premiere pratique s'accorderoit avec la raison, il me paroît certain que la seconde y est tout à fait opposée.~~ Car en supposant que le corps A choquant B en repos, comprime la matiere subtile de toute sa force qui est m24, la réaction de cette matiere subtile, ou la force du ressort ne sera que m24. Or en distribuant selon la regle la vîtesse 24 reciproquement aux masses, on répousse A avec la force m18, & B avec 3m6, c'est à dire que la force du ressort doit être m36, plus grande d'un tiers que m24 : & cette force auroit encore éte plus grande, si le corps B avoit eu plus de masse. ++ car en augmentant à l'infini la masse du corps B, qui est en repos la force de la reaction devient enfin double selon la 2e operation de la regle. Or encore un coup la force du ressort, ou la réaction de la matiere subtile ne peut ~~jamais~~ à ce qu'il semble surpasser la force qui l'a comprimée. Cela ~~est~~ ne paroit pas conforme ~~evident par~~ à la raison, ni meme à ~~& certain par~~ l'experience. car Si on laisse librement tomber une boule à ressort sur un plan inebranlable de même nature, jamais la boule ne remontera plus haut que le lieu dont elle est tombée. ~~Donc la seconde operation de la regle n'est point fondée en raison, ni par consequent la premiere, quoique l'assemblage~~ Ces raisons fort vraisemblables m'ont autrefois fait douter de la justesse des experiences, et j'ay revenu d'abord contre la regle generale, ou plustost contre les operations qu'elle prescrit.

Cependant (comme dans les additions pag. 12

des deux puisse s'accorder avec l'experience, parce que l'erreur de la seconde peut rendre nulle celle de la premiere, à cause qu'elle ajoûte au corps B, $m6$ ou $3m2$, que la premiere avoit donné moins qu'il ne falloit, ainsi qu'on verra incontinent. Mais si on pretendoit conclure de la seconde pratique que prescrit la regle, que la force du ressort est souvent plus grande que celle du choc, & qu'ainsi le mouvement s'augmente, assurement la regle seroit en cela une occasion d'erreur ; quoique conforme à l'experience : parce qu'elle n'est conforme à l'experience qu'à cause que les erreurs du calcul ou du raisonnement se detruisent mutuellement l'une l'autre. Peut-être pourroit-on s'y prendre de cette maniere pour établir une regle qui prescrive des operations qui s'accordent avec les effets, & qui representent à l'esprit ce qui se passe actuellement dans le choc des corps.

39. Soit pour cela le corps A $\propto$ $m24$ qui rencontre B $\propto$ $3m0$.

1. Puisque les corps sont mûs à proportion qu'ils sont poussez, on conçoit naturellement que $3m0$ étant poussé par $m24$, il doit devenir $3m8$: & $m24$ n'étant point repoussé, puisque $3m0$ n'a point en lui de force contraire, $m24$ doit demeurer $m0$. Et cela doit servir à fonder la premiere operation de la regle.

2. Mais $m24$ n'a pû pousser $3m0$ sans comprimer également la matiere subtile qui étoit dans les pores des deux corps, ou sans étrecir également ces pores à cause de la resistance continuelle d'une masse $3m$ de l'air tant subtil que grossier, qu'il a fallu déplacer tout d'un coup avec la vitesse 8, & faire circuler pour prendre par derriere la place du corps $3m$. Donc la matiere subtile dont la force est comme in-

finie refluant & passant avec violence dans les pores de ces deux corps qui sont appuyez l'un sur l'autre, élargit promtement ces pores, & repousse également les corps avec la force *m*24. Et c'est ce qui doit servir à regler la seconde operation de la regle. Car selon cette supposition qui paroît s'accorder avec la raison, A qui étoit *mo*, devient — *m*12, ou reçoit *m*12 de mouvement en arriere, & B aussi *m*12 ou 3*m*4 de mouvement en avant, qui étant ajoûté à 3*m*8, fait 3*m*12. Ce qui s'accorde avec l'experience selon les auteurs de la regle.

40. Si on suppose maintenant que *m*12 & 3*m*12 se choquent avec des mouvemens contraires, on trouvera qu'ils se remettront dans leur premier état. Car,

1. Selon les secondes loix *m*12 deviendra *mo*, & 3*m*12 deviendra 2*m*12 dans l'instant de l'équilibre.

2. 2*m*12 ou 3*m*8 poussera *mo* avec la force *m*12 comme dans les secondes loix : mais icy par une raison bien differente qui est apparamment que *mo* déja comprimé à cause des forces contraires, & de plus soutenu par l'air tant subtil que grossier, resistant à 2*m*12 ou 3*m*8, les deux corps appuyent l'un sur l'autre, & font une espece d'équilibre. De sorte que la force 3*m*8 aussi bien que celle de la réaction de la matiere subtile se doit partager également entre les deux corps. Car si au lieu de 2*m*12, on avoit 6*m*12 qui appuyât sur *mo*, ce dernier corps *mo*, ne recevroit pas seulement la force *m*12, comme dans les secondes loix, mais il en recevroit *m*36, parce que le contre-coup que l'air fait (j'entens toûjours le subtil & le grossier,) suffit pour arrêter & contre-balancer un moment l'un sur l'autre les deux corps :

Et

& la raison de cecy est apparamment que tout est plein. De sorte que *mo* étant choqué, & poussant l'air qui est devant lui, cet air le repousse & lui resiste d'abord infiniment, car c'est pour cela que *m*24, par exemple choquant 3*mo*, la force du ressort est *m*24. Mais de leur compression directe il en resulte une laterale, qui fait que l'air circulant, prend successivement la place du corps *mo* par derriere, & lui en cede autant en avant : de sorte que ce corps avance librement avec la force qu'il a reçûe du corps choqué. Mais il faut prendre garde que quand un corps est une fois en mouvement, il trouve beaucoup moins de resistance que dans l'instant du choc : parce que l'air qui est devant lui, non-seulement celui qui en est proche, mais encore celui qui en est fort éloigné, ayant été, quoi qu'inégalement, pressé par le choc, & conservant sa pression par le mouvement du corps qui avance, il est determiné au mouvement lateral qui ne fait point de resistance au corps en mouvement.

3. Puisque 2*m*12 ou 3*m*8 à poussé *mo* avec la force *m*12, le corps *mo* à la force *m*12, & 3*m*8 n'a plus que 3*m*4. Or à cause de la réaction *m*24 de la matiere subtile qui se partage également, 3*m*4 deviendra 3*mo*; & A qui étoit *m*12 deviendra — 2*m*12 ou *m*24 : ce qui est encore conforme à l'experience, & paroît même conforme à la raison. Car il est clair que ces deux corps apres le second choc, doivent reprendre leur premier état, s'ils se rendent mutuellement les forces qu'ils se sont données, ce qu'on suppose naturellement devoir arriver. Mais je ne croy pas que cela arrive, lorsque les masses des corps son trop inégales & leurs vîtesses trop grandes.

Voici encore un exemple pour faire voir que la force qui reste au plus fort dans l'instant de l'equilibre, se doit partager également, afin que les corps apres le second choc se remettent dans l'état ou ils étoient avant le premier. *m30* choquant *5m0*, qui n'a point de force contraire, devient *m0*, & *5m0* devient *5m6*. Ajoutez la réaction + ou — m15, vous aurez — *m15* & *5m9*.

Maintenant si *m15* & *5m9* se choquent de nouveau, *m15* deviendra *m0*, & *5m9* sera *5m6* dans l'instant de l'équilibre. Mais *m0* déja comprimé, ne pouvant pas prendre assez promtement une determination contraire à sa premiere, *5m6* partage également sa force avec lui, aussi-bien que la réaction de la matiere subtile : Ou ce qui revient au même, si *5m6* ne lui donne pas la moitie de sa force, la réaction tombe sur lui assez abondamment pour faire le même effet, ce qui neanmoins ne me paroît pas si vraisemblable. Ainsi *m0* devient — *m15* & *5m6* est encore *5m3*. Enfin la réaction sur chacun des corps étant égale au petit corps *m* multiplié par sa vîtesse 15, + *m15* devient — *m30* & *5m3* devient *5m0*, ce qu'ils étoient avant le premier choc. Il me semble que ce calcul repond aux effets naturels & les représente suffisamment à l'esprit, supposé que la regle qu'on a publiée soit toûjours conforme à l'experience, c'est à dire que les corps apres le second choc se remettent dans l'état ou ils étoient avant le premier.

41. Or il faut remarquer que quand les corps n'ont point de mouvement contraire, la réaction de la matiere subtile est toûjours égale à la vîtesse multipliée par la masse du corps le plus petit, & qu'elle est la même ici que dans

l'exemple precedent, quoi qu'il semble qu'elle doive être beaucoup plus petite, à cause que *m*12 rencontrant 3*m*12, le choc est une fois plus grand que lors que *m*24 rencontre 3*mo*. Mais comme la vîtesse respective est égale dans les deux cas, il est clair que le petit corps A employe également dans l'un & dans l'autre toute sa force contre le corps B, & que B employe une égale partie de sa force contre le corps A : aprés quoi la force qui reste au corps B quelque grande qu'elle soit, ne trouvant plus de resistance, les pores des deux corps ne se retrecissent plus, & la matiere subtile ne s'y comprime plus.

Si on prenoit d'autres exemples à examiner on rencontreroit certaines difficultez dans les operations, & le calcul ne s'accorderoit pas avec l'experience. Mais en suivant le principe que j'ay proposé, ou quelqu'autre qui fût intelligible, on decouvriroit plusieurs causes possibles de l'erreur, & par le moyen de quelques nouvelles experiences on reconnoîtroit enfin la veritable.

Si donc les savans avoient voulu chercher les raisons Physiques des diversitez qu'ils ont remarquées dans le choc des corps, ils auroient établi des regles dont les operations du calcul suivroient pié à pié les effets naturels, & y répondroient à peu prés. Car assurement cela n'est pas impossible. Mais sur un certain nombre d'experiences ils se sont contentez détablir des regles qui ne donnent ce me semble nulle ouverture à l'esprit, parce qu'elles ne decouvrent point le principe naturel dont elles doivent être tirées. Encore s'ils nous avoient donné un grand nombre d'experiences exactement décrites & rangées dans un ordre naturel, Messieurs les speculatifs s'en seroient servis avec plaisir. Et peut-être quelqu'un auroit-il trouvé le vrai sistéme dont dépend la raison de toutes ces experiences. Mais il ne faut pas exiger des autres ce qu'ils ne nous doivent point. Et les Philosophes dans le fond sont obligez à celui qui a le plus travaillé à éclaircir cette matiere. Pour moi je ne prétens pas avoir fort approché du but. Je ne n'ai ni le loisir de m'exercer à ce jeu, ni les experiences necessaires pour me redresser, & pour me conduire. Apparemment je me suis trompé dans les secondes loix, & je ne pretens pas avoir rien établi dans les troisiémes. Mais il me semble que j'ay suffisamment prouvé & expliqué les premieres, & ce sont les seules qu'on avoit quelque droit de me demander.

Page 12. ligne 3. ny de celle, *lisez* ny *du repos* de celle.

PErmis d'imprimer. Fait ce 15. Juin 1692.
DE LA REYNIE.

www.ingramcontent.com/pod-product-compliance
Lightning Source LLC
LaVergne TN
LVHW050646060726
842527LV00004B/1504
* 9 7 8 2 3 2 9 0 7 1 3 7 4 *